La Lentille Verte du Puy

40 recettes bistrot
par 14 chefs

Textes
Jean-René Mestre

Photos
Luc Olivier

Mise en page
Anne Couriol

Photo de couverture
réalisée d'après la recette « Caviar du Velay ® »
de François Gagnaire (1* Michelin, Le Puy-en-Velay)

Éditions Hauteur d'Homme

Préface

Année après année, depuis plus de 2000 ans, la Lentille Verte du Puy s'est enrichie de son terroir du Velay pour donner l'un des plus beaux joyaux de notre gastronomie.

Consacrée le 7 août 1996 en devenant le premier légume sec à obtenir une Appellation d'Origine Contrôlée (AOC) en France, elle est devenue depuis 2009 l'une des pépites des Appellations d'Origine Protégées (AOP) européennes.

Aujourd'hui, ce sont plus de 700 producteurs, situés au cœur de la Haute-Loire, entre l'Allier et la Loire, qui la protègent au travers d'une filière durable, qui inclut les collecteurs et les conditionneurs dans son bassin d'origine, preuve de son authenticité.

Sa peau, verte tachetée de bleu, est fine et son amande est non farineuse.
Sa cuisson rapide permet à nos grands chefs d'en explorer les multiples facettes : entrées, viandes, poissons, desserts... Par sa facilité de préparation, elle se prête à leur créativité.

Ce livre est une preuve de cette modernité et nous espérons que la Lentille Verte du Puy vous surprendra encore !

Antoine Wassner
Président de l'Organisme de Défense et de Gestion (ODG)

ODG Lentille Verte du Puy
16 bd Président Bertrand
43000 Le Puy-en-Velay
Site : www.lalentillevertedupuy.com

De Ramsès à notre assiette :
la lentille est à l'origine de l'agriculture

Par Jean-René Mestre,
Docteur en pharmacie, expert en nutrition.

La lentille, jolie plante annuelle d'une trentaine de centimètres de haut, vient du croissant fertile du Proche-Orient. Elle était très estimée dans l'Égypte des pharaons : Ramsès aimait la soupe de lentilles. Il n'était pas le seul : les Babyloniens en cultivaient dans leurs fameux jardins suspendus, huit siècles avant notre ère. On sait aussi que notre Ésaü biblique vendit son droit d'aînesse contre un plat de lentilles.

Au fil des siècles, la lentille est devenue un aliment de base pour les populations du Proche-Orient, de l'Afrique du Nord et de l'Inde. Sa culture est facile, elle enrichit le sol et possède des qualités nutritionnelles qui ont fait sa réputation.

Parmi les nombreuses variétés (lentille blonde, lentille corail…), seule la lentille « verte » est parvenue à s'implanter au sud du Massif central, au Puy-en-Velay en Haute-Loire, aux confins de l'Auvergne et du Languedoc. C'est là qu'un climat unique lui permet d'acquérir des qualités gastronomiques et diététiques originales qui lui valent, depuis 1996, une Appellation d'Origine Protégée. Sept cents agriculteurs perpétuent la tradition sur environ 3 500 hectares répartis sur 87 communes.

Le centre de la Haute-Loire est protégé des vents de pluie venant de l'Atlantique et de la Méditerranée par les montagnes (Cantal, Margeride, Cévennes…). C'est ce qu'on appelle un effet fœhn. Il donne au climat du cœur de la Haute-Loire toute son originalité : moins de pluies qu'alentour, ciel bleu, vents secs et chauds. Et cela a des conséquences directes sur la lentille (dessèchement prématuré, maturation accélérée) qui se traduisent par un goût croquant unique.

Fiers de leur produit, les négociants rivalisaient autrefois d'imagination pour les dénominations commerciales. La marque « Le Coq » s'est vue opposer « L'Aigle » puis « Le Condor » jusqu'au jour où sortit « Le Phénix »… Dans le même esprit, la marque « Le Soleil » ne tarda pas à être supplantée par… « L'Éclipse » !

1 - Le climat du Velay - comme ici à Vergezac - favorise le développement des qualités de la Lentille Verte du Puy.

2 - La terre volcanique du Velay donne toutes ses qualités à la Lentille Verte du Puy.

3 - Le site du Puy-en-Velay.

La lentille : un véritable aliment santé !

« Fais de ton aliment ton médicament », disait Socrate. La Lentille Verte du Puy est un véritable concentré de pépites nutritionnelles, il faut en faire notre aliment santé !

À l'heure où l'industrie agroalimentaire a tendance à oublier les nourritures traditionnelles et non transformées, il est rassurant de trouver dans la Lentille Verte du Puy un aliment vrai, authentique, pur fruit de la Terre. Sa composition n'a pas changé depuis l'origine : pas de sélection, pas de modification génétique artificielle pour la Lentille Verte du Puy !

La Lentille Verte du Puy fait partie de l'élite nutritionnelle

Point majeur et essentiel : la lentille du Puy est un aliment riche en protéines (deux fois plus que les céréales). Les protéines sont les constituants de notre organisme (os, muscles, peau, neuromédiateurs...). En dehors des produits animaux comme la viande, les œufs, les poissons et les produits laitiers, notre seule source alternative de protéines est végétale : céréales et légumes secs.

Point intéressant, la lentille du Puy est riche en fibres indispensables pour notre intestin. Elle représente aussi un bon apport énergétique notamment en glucides complexes (sucres lents) : les nutritionnistes sont sensibles à ces arguments.

La Lentille Verte du Puy tend à diminuer l'acidité de notre corps et le reminéralise grâce à sa richesse en magnésium, potassium et fer.

Richesse en sucres lents, en fibres, en protéines et en minéraux : la lentille a un exceptionnel potentiel nutritionnel. C'est notre soja européen ! Mais à l'inverse de son cousin asiatique, notre lentille est méconnue et sous-utilisée. Et pourtant ses avantages sont nombreux :

➔ Ses antioxydants protègent les cellules du corps des dommages causés par les radicaux libres (radicaux libres : molécules très réactives formées naturellement et obligatoirement par le fonctionnement normal de l'organisme et pouvant provoquer, si elles ne sont pas rapidement neutralisées, des mutations à l'origine des cancers ou encore du « mauvais cholestérol », celui appelé LDL oxydé). Les antioxydants de la lentille appartiennent pour la plupart à la grande famille des flavonoïdes. Ce sont principalement des catéchines et des procyanidines. On trouve, et cela seulement dans les lentilles vertes, les antioxydants les plus puissants, les anthocyanines (ce sont les colorants bleus de la cuticule). Ces antioxydants sont surtout situés dans l'enveloppe externe de la lentille.

1 - Sur les plants de la Lentille Verte du Puy, la coccinelle est le meilleur remède aux pucerons.

2 - La moisson des lentilles vertes du Puy, l'été, dans les champs envahis de fleurs.

Ses minéraux sont abondants et variés : phosphore (formation et maintien de la santé des os, de la peau, des dents et des membranes cellulaires), fer (transport de l'oxygène et formation des globules rouges dans le sang, fabrication de nouvelles cellules, d'hormones et des messagers de l'influx nerveux), manganèse (cofacteur enzymatique et anti-radicalaire), cuivre (cofacteur enzymatique, formation de l'hémoglobine et des protéines servant à la structure et à la réparation des tissus), zinc (réactions immunitaires, fabrication du matériel génétique, perception du goût, cicatrisation des plaies, développement du fœtus, activité des hormones sexuelles et thyroïdiennes, synthèse, mise en réserve et libération de l'insuline pancréatique), magnésium (excitabilité nerveuse, développement osseux, construction des protéines, actions enzymatiques, contraction musculaire, santé dentaire, fonctionnement du système immunitaire, métabolisme de l'énergie, transmission de l'influx nerveux...), potassium (équilibre pH du sang en alcalinisant, facilite la contraction des muscles et du cœur, participe à la transmission de l'influx nerveux...), sélénium (cofacteur antioxydant prévenant ainsi la formation de radicaux libres dans l'organisme, activateur des hormones thyroïdiennes...).

⟩ Ses vitamines du groupe B sont essentielles : vitamine B1 ou thiamine (nécessaire à la production d'énergie, active dans la transmission de l'influx nerveux et acteur d'une croissance harmonieuse), vitamine B2 ou riboflavine (métabolisme énergétique cellulaire, croissance et réparation des tissus, production d'hormones, formation des globules rouges), vitamine B3 ou niacine (production d'énergie à partir des glucides, des lipides, des protéines et de l'alcool, formation de l'ADN), acide pantothénique ou vitamine B5 (métabolisme énergétique, fabrication des hormones stéroïdiennes, des messagers de l'influx nerveux et de l'hémoglobine), vitamine B6 ou pyridoxine (métabolisme des protéines et des acides gras, synthèse des neurotransmetteurs, fabrication des globules rouges, transport d'oxygène, transformation du glycogène en glucose, fonctionnement du système immunitaire, activité des cellules nerveuses, modulation des récepteurs hormonaux), le folate ou vitamine B9 (fabrication de toutes les cellules du corps, dont les globules rouges, production du matériel génétique, fonctionnement du système nerveux et du système immunitaire, cicatrisation des blessures et des plaies. Indispensable durant les périodes de croissance et pour le développement du fœtus).

1 - Robert Chouvier, producteur de lentilles vertes du Puy à Saint-Rémy.

2 - Nelly Mazet, productrice de lentilles vertes du Puy à Cayres.

3 - Un plant de lentille tout juste cueilli en plein champ.

4 - Sur les plants de la Lentille Verte du Puy, les gousses abritent 1 ou 2 lentilles.

Protéines végétales : attention aux sucres !

Les légumineuses comme la lentille font partie des aliments végétaux qui contiennent le plus de protéines. Toutefois, contrairement aux protéines animales, les légumineuses ont généralement une faible teneur en méthionine (un acide aminé essentiel à l'organisme), ce qui rend leurs protéines incomplètes. Toutefois, les personnes qui mangent peu ou pas de protéines animales peuvent combiner les légumineuses avec des produits céréaliers ou des noix, ce qui leur permet alors d'obtenir des protéines complètes (avec tous les acides aminés essentiels). Chez les adultes, il n'est pas nécessaire de rechercher cette complémentarité au sein d'un même repas. Par contre, chez les enfants, les adolescents et les femmes enceintes, il est préférable d'atteindre la complémentarité des protéines dans un même repas.

Le petit salé aux lentilles : une spécialité culinaire à recommander

Les protéines des légumineuses comme la lentille manquent d'acides aminés soufrés et de tryptophane, il faudra leur adjoindre une autre source protéique au cours du même repas (céréale, maïs ou, de préférence, viande, car les céréales sont peu fournies en un autre acide aminé essentiel, la lysine). En Inde, l'association riz et lentille (le dalh) est connue depuis des temps immémoriaux. En France, le petit salé (échine, travers, éventuellement palette de porc) aux lentilles constitue une bonne alimentation, excellente au niveau nutritif : on le sait depuis longtemps au Puy-en-Velay !

Acide-base : la lentille anti-âge

En vieillissant, on s'acidifie et en s'acidifiant on s'oxyde. C'est le processus habituel du vieillissement avec dégradation et inflammation chronique. Il est donc important d'essayer d'alcaliniser son alimentation. Les lentilles du Puy sont alcalinisantes contrairement aux autres. Pourquoi ? Parce que les lentilles cuites qui sont éclatées sont acidifiantes. C'est le cas des lentilles blondes ou vertes d'importation. Les lentilles du Puy sont servies non éclatées : elles croquent légèrement sous la dent et sont alcalinisantes. C'est ce qui leur permet d'être les seules à pouvoir être servies en salade alors que les autres sont réduites en une informe purée acidifiante ! La lentille du Puy : la lentille « anti-âge » !

Lentilles et ballonnements

On reproche quelquefois à la lentille de provoquer des gonflements intestinaux désagréables. En fait, il faut savoir que ce symptôme évoque plutôt une mauvaise flore intestinale chez le mangeur ! C'est lui qui est victime d'une maladie fréquente et souvent associée à une dégradation de sa muqueuse intestinale : la dysbiose. Il s'agit d'un déséquilibre entre ses flores digestives. Il faut y prêter attention, car c'est le signe d'alerte d'une prédisposition aux allergies et aux maladies auto-immunes. L'origine se trouve dans le stress, la pollution, les toxiques (médicaments antibiotiques ou anti-inflammatoires en particulier) qui provoquent une hyperperméabilité intestinale. Un truc si vous en êtes victime : mangez vos lentilles en salade après les avoir fait cuire puis reposer au frigo pendant une nuit. Une grande partie des sucres responsables des fermentations si désagréables pour certains aura été transformée. Résultat : transit facilité et plus de fermentations douloureuses ! Et sinon une solution nutritionnelle existe : soignez votre intestin en faisant régulièrement des cures de probiotiques !

Pourquoi manger des lentilles vertes du Puy ?

◉ Pour faire du bien à notre corps : dans une alimentation répondant aux besoins de notre physiologie, la lentille du Puy occupe une place remarquable. Elle est parmi les plus digestes des légumineuses. Son contenu en fibres alimentaires est exceptionnel. Sa richesse en protéines et minéraux est presque sans égale dans le monde végétal.

◉ Pour succomber au péché de gourmandise : préparées chaudes, en plat garni de viande ou de poisson, ou froides, en salade, avec une vinaigrette légèrement relevée, les lentilles du Puy sont exquises.

Les cuisiniers
de la Lentille Verte du Puy

Sandy Caire
Institut de Formation
Professionnelle
43370 Bains

Bruno Capraro
Auberge La Renouée,
Cheyrac
43800 Saint-Vincent
www.larenouee.fr

André Chatelard
43290 St-Bonnet-le-Froid
www.restaurant-chatelard.com

Hélène Chazal
Restaurant
Poste et Champanne
Av. Paul Chambriard
43100 Brioude

Thomas Emblard
Restaurant L'Ermitage
75 av. de L'Ermitage
43000 Le Puy-en-Velay
www.hotelermitage.com

François Gagnaire
4 av. Clément Charbonnier
43000 Le Puy-en-Velay
*www.francois-gagnaire-
restaurant.com*

Gisèle Grangeon
L'Air du Temps
Confolent
43590 Beauzac

Kyung Ran Baccon
École Nationale Supérieure
de Pâtisserie
43200 Yssingeaux
www.ensp-adf.com

Frédéric Lefort
L'Épicéa
9 Place du Chatiague
43190 Tence

Frédéric Lenfant
Restaurant Baraban
15 rue Raphaël
43000 Le Puy-en-Velay
*http://15rueraphael.
blogspot.fr*

Julien Magne
Le Clos Perché
42380 Montarcher
*http://leclosperche.
blogspot.fr*

Pascale Suc
Entrez les Artistes !!!
29 Rue Pannessac
43000 Le Puy-en-Velay

Éric Tournayre
12 rue Chènebouterie
43000 Le Puy-en-Velay
www.restaurant-tournayre.com

Cyrille Zen
La Bergerie de Sarpoil
63490 Saint-Jean-en-Val
www.labergeriedesarpoil.com

Les recettes

ENTRÉES

Royale de foies blonds de volaille et foie gras, mousseux aux lentilles vertes du Puy   16

Crème Esaü glacée, sablé salé à la truite fumée du Vourzac   18

La lentille verte d'Ulysse   20

Lentilles vertes du Mont Anis   22

Lentilles vertes du Puy façon aïgo boulido   24

Maôche et ses lentilles vertes du Puy rémoulade   26

Pot de fleurs de Lentille Verte du Puy à la terre volcanique   28

Tapenade de lentilles vertes du Puy   30

Tartare de lentilles germées et pieds de cochon   32

Velouté de lentilles vertes du Puy   34

COQUILLAGES ET CRUSTACÉS

Duo de crabe en fraîcheur et gambas poêlées aux lentilles vertes du Puy   36

Fricassée d'écrevisses, risotto de lentilles vertes du Puy   38

Marinière de coques à la Lentille Verte du Puy   40

Quiche à la Lentille Verte du Puy et noix de Saint-Jacques   42

Velouté de moules aux lentilles vertes du Puy, langoustines à la plancha   44

ŒUFS

Aïoli de lentilles vertes du Puy, œuf coulant, mouillettes d'asperges   46

Dans sa coque, une brouillade d'œuf aux lentilles vertes du Puy   48

POISSONS

Dos de saumon aux lentilles vertes du Puy   50

Pavé de cabillaud clouté au saucisson d'Auvergne, ratatouille de lentilles vertes du Puy   52

Rillettes de truite du Vourzac, salade de lentilles vertes du Puy   54

Rouget sur son rocher aux lentilles vertes du Puy   56

Tartare de raie aux lentilles vertes du Puy   58

Tournedos de sandre, fricassée de lentilles vertes du Puy au vin rouge d'Auvergne   60

LÉGUMES

Carbonnade de lentilles vertes du Puy en coque d'Agata   62

VIANDES

Cannelloni de queue de bœuf et lentilles vertes du Puy   64

Dodines de volailles label rouge, ragoût de lentilles vertes du Puy   66

Filet de canette fermière aux lentilles vertes du Puy   68

Houmos de lentilles vertes du Puy, côtes d'agneau grillées, coulis de poivrons doux   70

Petit salé à la Lentille Verte du Puy   72

Poitrine de veau aux épices, ragoût de lentilles vertes du Puy   74

FROMAGES

Bavarois de chèvre frais aux lentilles vertes du Puy   76

Panis à la Lentille Verte du Puy, sarasson à l'huile de colza grillé   78

DESSERTS

Dyke vellave flambé, lentilles confites, miroir de fraise et nuage verveine   80

Pana Cotta mandarine à la Lentille Verte du Puy   82

Salade de lentilles vertes du Puy confites aux fruits de saison, coque en meringue   84

Pancakes à la Lentille Verte du Puy, coulis de myrtille au thym citron   86

Soufflé à la Lentille Verte du Puy   88

Tarte à la Lentille Verte du Puy et myrtilles   90

Tartine du Devès de retour de promenade   92

Vacherin à ma façon   94

Royale de foies blonds de volaille
et foie gras, mousseux aux lentilles vertes du Puy

INGRÉDIENTS 6 PERSONNES

Royale de foies :

70 g de foie gras cru,

70 g de foie de volaille,

2 jaunes d'œufs,

2 œufs entiers,

40 g de farine,

40 cl de lait,

12 cl de crème fraîche,

1 pincée de noix de muscade râpée,

Sel, poivre.

Mousseux :

60 g de lentilles vertes du Puy,

60 cl d'eau,

1 brindille de thym,

½ feuille de laurier,

1 petite échalote,

1 anis étoilé,

30 cl de crème fraîche.

Dans le bol du mixeur, réduire les foies en purée, ajouter la farine, les œufs entiers, les jaunes, la moitié du lait puis mixer à nouveau. Passer à l'étamine.

Verser ensuite le restant de lait, la crème, mélanger délicatement au fouet, assaisonner.

Beurrer 6 ramequins avec un beurre-pommade. Mettre au réfrigérateur, beurrer une deuxième fois.

Emplir les ramequins, cuire au bain-marie à 130° pendant 25 minutes environ (la température du four et le temps de cuisson sont extrêmement importants).

Afin de faciliter le démoulage, il est conseillé de passer une lame de couteau autour du moule, puis de renverser d'un geste franc.

Dans une casserole, verser tous les ingrédients du mousseux à l'exception de la crème fraîche, départ à l'eau froide et cuisson à couvert pendant environ un quart d'heure.

Au terme de la cuisson, enlever thym et laurier, mixer les lentilles avec le bouillon de cuisson jusqu'à obtention d'un coulis. Ajouter ensuite la crème fraîche et rectifier l'assaisonnement.

Démouler la royale dans une assiette à potage, émulsionner la crème de lentilles afin de lui donner une consistance mousseuse et aérienne et napper.

Bruno Capraro

Crème Esaü glacée,
sablé salé
à la truite fumée du Vourzac

INGRÉDIENTS 6 PERSONNES

Crème Esaü :

200 g de lentilles vertes du Puy,

garniture aromatique :
1 carotte, 1 oignon, thym, laurier,
1 gousse d'ail, 1 anis étoilé,

30 cl de bouillon de volaille,

125 g de crème,

100 g de truite fumée du Vourzac,

aneth,

huile d'olive.

Pâte sablée salée :

100 g de beurre pommade,

125 g de farine,

80 g de parmesan.

Pour préparer la crème Esaü, suer dans une casserole avec de l'huile d'olive, la carotte et l'oignon taillés en petits dés. Ajouter les lentilles, l'anis étoilé, l'ail, mouiller avec le bouillon de volaille et cuire à frémissement environ 20 minutes.

En fin de cuisson, rajouter la crème et assaisonner. Égoutter. Réserver quelques lentilles à part. Mixer, chinoiser et rectifier l'assaisonnement et la fluidité avec les lentilles récupérées.

Mettre à refroidir.

Pour réaliser la pâte sablée, mélanger les 3 ingrédients, abaisser la pâte à 3 mm d'épaisseur, cuire au four à 150 °C pendant 10 minutes environ.

Découper la pâte en rectangles et finir de cuire 4 minutes.

Saler légèrement chaque face.

Verser la crème Esaü froide dans un petit bol, ajouter quelques dés de truite fumée et les lentilles réservées, un brin d'aneth.

Sur le sablé salé étaler en vagues la truite fumée. La crème Esaü peut être servie chaude.

La lentille verte d'Ulysse

INGRÉDIENTS 4 PERSONNES

160 g de lentilles vertes du Puy,

2 grosses tomates cœur-de-bœuf,

1 petit oignon (80 g)

160 g de poivrons jaunes,
rouges et verts,

160 g de concombre,

160 g de fromage frais de brebis,

10 cl d'huile d'olive,

8 cl de vinaigre de Xérès,

une douzaine de brins
de ciboulette,

4 feuilles de menthe,

un brin de thym,

câpres,

piment d'Espelette,

Sel.

Cuire avec les lentilles avec le brin de thym, 20 à 25 minutes départ eau froide. Égouttez et refroidir, réserver.

Tailler l'oignon en tranches à la mandoline dans l'épaisseur côté tige (de façon à obtenir des rondelles) et le passer avec les poivrons 10 minutes au cuit vapeur. Enlever la peau des poivrons, les tailler en brunoise et les refroidir.

Éplucher le concombre et le tailler en brunoise, mélanger avec la menthe hachée.

Tailler des cubes de chair d'environ 2 cm de côté dans les tomates.

Couper la ciboulette et la mélanger au fromage de brebis écrasé.

Mélanger lentilles, oignons, concombre et poivrons. Saler et assaisonner avec le vinaigre de Xérès et l'huile d'olive.

Dans chaque assiette, positionner ce mélange surmonté de fromage et des cubes de tomates saupoudrés de piment d'Espelette.

Ajouter éventuellement quelques câpres.

Lentilles vertes du Mont Anis
(Le Mont Anis est l'ancien nom du rocher Corneille qui domine la ville du Puy-en-Velay)

INGRÉDIENTS 4 PERSONNES

160 g de lentilles vertes du Puy,

160 g de céleri boule,

160 g de fenouil,

4 feuilles de verveine sèche

½ pomme Granny-Smith,

3 oranges,

4 brins d'aneth,

½ anis étoilé,

10 cl d'huile d'olive,

20 g de sucre en poudre,

piment d'Espelette,

8 grosses sardines
à l'huile d'olive.

Cuire le céleri boule et le fenouil au cuit vapeur, les refroidir et les tailler en brunoise. Égoutter et refroidir.

Pendant ce temps, cuire les lentilles vertes du Puy 25 minutes départ eau froide avec une demi-étoile de badiane et les feuilles de verveine.

Réduire le jus des oranges jusqu'à l'obtention d'environ 10 cl de liquide et ajouter 10 cl d'huile d'olive, du sel et du piment d'Espelette. Confire à feu doux dans 10 cl d'eau et 20 g de sucre la surface du zeste finement taillé sur une demi-orange. Couper de fines allumettes dans la pomme Granny-Smith. Dresser au fond de l'assiette le mélange lentilles, céleri, fenouil, assaisonné de la vinaigrette d'orange et des zestes, puis disposer les sardines, les allumettes de Granny-Smith et les brins d'aneth.

Lentilles vertes du Puy
façon aïgo boulido

INGRÉDIENTS 4 PERSONNES

1 l d'eau de cuisson
de lentilles vertes du Puy,

160 g de lentilles cuites
et écrasées,

2 cuillères à soupe
de lentilles entières cuites
pour la présentation,

8 gousses d'ail rebondies,

1 petit bouquet de sauge,

1 petit bouquet de thym frais,

poivre costaud,

gros sel de Guérande,

4 tranches de pain bio,

copeaux de fromage
aux artisous vieux
ou de parmesan,

huile d'olive.

Pour réaliser l'aïgo boulido, écraser les gousses d'ail pelées puis les plonger dans l'eau de cuisson des lentilles avec les lentilles écrasées, les bouquets d'herbes, force poivre et bonne prise de sel. Chauffer le tout une bonne vingtaine de minutes.

Dorer au grill les tranches de pain.

Dans des assiettes creuses, déposer les tranches de pain grillé, les lentilles entières et verser l'aïgo boulido. Parsemer de copeaux de fromages et perler le bouillon d'une généreuse rasade d'huile d'olive.

Pascale Suc

Maôche
et ses lentilles vertes du Puy rémoulade
(La maôche est une spécialité charcutière du Mézenc)

INGRÉDIENTS 4 PERSONNES

500 g de maôche
de chez Pierre Rabaste,

1 bouquet garni,

160 g de lentilles vertes du Puy,

mayonnaise.

Cuire la maôche avec le bouquet garni environ 40 minutes.

Pendant ce temps, cuire les lentilles nature 25 minutes départ eau froide.

Les rafraîchir et les assaisonner avec la mayonnaise.

Pour apprécier le fort caractère de la maôche, la servir encore tiède, en tranches sur les lentilles.

Pot de fleurs de Lentille Verte du Puy à la terre volcanique

INGRÉDIENTS 4 PERSONNES

Bavaroise de lentille (pour 8 pots) :

150 g de pulpe de lentille
(lentilles cuites et
réduites en purée),

15 cl de crème liquide,

15 cl de bouillon de poule,

2 feuilles de gélatine,

sel fin, poivre du moulin,

piment d'Espelette,

huile de noisette,

pousses de shiso.

Terre volcanique :

50 g de beurre pommade,

10 g de sucre,

55 g de farine,

15 g de farine de lentille,

20 g de cacao en poudre,

3 g de poudre de champignons.

Pour réaliser la bavaroise de lentilles, dissoudre les feuilles de gélatine dans de l'eau froide. Faire bouillir le bouillon de poule, retirer du feu et incorporer les feuilles de gélatine égouttées et pressées. Mélanger ensuite à la pulpe de lentille, ajouter la crème fouettée, rectifier l'assaisonnement et verser directement dans les pots.

Pour la terre volcanique, mélanger le beurre en pommade avec le sucre. Réunir dans un autre récipient les farines, le cacao et la poudre de champignons. Mélanger les deux appareils puis étaler sur une plaque allant au four. Cuire à 180 °C pendant 10 minutes.

Refroidir, émietter en morceaux irréguliers.

Au moment de servir, déposer un peu de terre volcanique sur la crème prise à la lentille de façon à imiter un pot de fleurs puis piquer au centre quelques pousses de shiso.

Hélène Chazal

Tapenade de lentilles vertes du Puy

INGRÉDIENTS 6 PERSONNES

250 g de lentilles vertes du Puy,

1 oignon,

1 bouquet garni,

70 g de miettes de thon à l'huile,

70 g d'anchois en filets,

70 g de câpres au vinaigre,

1 oignon blanc doux,

2 gousses d'ail dégermées.

Cuire les lentilles à l'eau avec l'oignon et le bouquet garni durant 40 minutes.

Vérifier qu'elles sont moelleuses et non croquantes. Les égoutter. Retirer le bouquet garni et l'oignon.

Vider les lentilles dans le bol d'un mixer.

Ajouter le thon, les anchois, les câpres, l'oignon blanc et l'ail.

Réduire en purée en ajoutant petit à petit 1 dl d'huile d'olive.

Rectifier l'assaisonnement.

Refroidir et servir dans de jolis bols pour accompagner des crudités ou tartiner du pain croustillant.

Tartare de lentilles germées
et pieds de cochon

INGRÉDIENTS 4 PERSONNES

200 g de lentilles vertes du Puy germées,

2 pieds de cochon cuits,

2 échalotes,

½ botte de ciboulette,

10 g de câpres,

4 tomates confites,

50 g de cornichons,

1 c à soupe de vinaigre balsamique,

1 c à café de moutarde de Dijon,

2 c à soupe d'huile d'olive,

sel, poivre.

Faire germer les lentilles vertes du Puy (laisser germer les lentilles dans un germoir ou sur un coton humide, dans le noir, pendant environ 2 semaines).

Chez un artisan charcutier, acheter 2 pieds de cochon cuits et les décortiquer. Les hacher avec les échalotes, les câpres, les cornichons et les tomates confites. Ajouter du sel et du poivre.

Assaisonner avec la moutarde de Dijon, le vinaigre balsamique, l'huile d'olive, du sel et du poivre.

Mélanger le tout : les lentilles vertes du Puy germées, le hachis et l'assaisonnement.

Dresser dans un cercle en inox ou dans un bol.

Gisèle Grangeon

Velouté de lentilles vertes du Puy

INGRÉDIENTS 8 PERSONNES

300 g de lentilles vertes du Puy,

2 carottes,

2 branches de céleri,

6 gousses d'ail,

160 g de lard salé taillé en dés,

crème fraîche,

beurre,

bouillon de volaille,

sel et poivre.

Blanchir à l'eau froide les lentilles vertes, puis égoutter.

Faire revenir les dés de lard dans 40 g de beurre, puis y ajouter carottes, céleri, ail et lentilles blanchies, faire cuire pendant 5 minutes environ.

Mouiller la préparation avec le bouillon de volaille puis porter à ébullition et cuire doucement pendant 45 minutes à couvert.

Après cuisson, passer à la moulinette puis au chinois.

Monter la crème avec une noix de beurre et incorporer la crème aux lentilles à l'aide d'un fouet.

Servir en soupière après avoir assaisonné.

Éric Tournayre

Duo de crabe en fraîcheur
et gambas poêlées
aux lentilles vertes du Puy

INGRÉDIENTS 4 PERSONNES

200 g de lentilles vertes du Puy,

2 carottes,

40 g de céleri boule,

1 oignon,

1 bouquet garni,

100 g de chair de crabe,

12 gambas,

panure,

1 œuf,

huile de tournesol,

4 grandes feuilles de laitue,

4 feuilles de riz,

1 citron,

1 c à soupe d'huile d'olive,

15 cl de vinaigrette.

Suer avec un filet d'huile de tournesol, une carotte et un oignon coupés en brunoise, ajouter les lentilles vertes du Puy, le bouquet garni et mouiller à hauteur avec de l'eau froide. Cuire 20 à 25 minutes. Égoutter et refroidir, puis assaisonner avec une vinaigrette.

Mélanger la chair de crabe avec le céleri et la carotte taillés en julienne, assaisonner avec le jus du citron, l'huile d'olive, du sel et du poivre.

Ramollir dans l'eau les feuilles de riz, disposer chacune sur un carré de film alimentaire puis poser sur chaque feuille de riz, une feuille de laitue et la farce au crabe. Rouler ainsi quatre nems puis les réserver dans la partie la plus froide du réfrigérateur pendant au moins deux heures.

Avant de servir, paner les gambas décortiquées et nappées d'œuf cru, les frire à la poêle dans de l'huile de tournesol.

Sur l'assiette, poser les gambas chaudes sur les lentilles, à côté des nems de crabe coupés en tronçons.

Fricassée d'écrevisses,

risotto de lentilles vertes du Puy

INGRÉDIENTS 4 PERSONNES

400 g de lentilles vertes du Puy,

1 kg de grosses écrevisses,

4 oignons,

1 botte de persil,

4 gousses d'ail,

10 cl d'huile d'olive,

1 bouquet garni,

1 l de bouillon de poule,

10 cl de vin blanc,

50 cl de bisque d'écrevisses,

sel, poivre.

Ciseler les oignons et les faire suer avec 5 cl d'huile d'olive.

Ajouter les lentilles, les faire revenir pendant 5 minutes avec 2 gousses d'ail et le bouquet garni.

Ajouter le vin blanc. Cuire à feu doux jusqu'à absorption du vin blanc.

Verser peu à peu le bouillon de poule, toujours à feu doux, jusqu'à complète cuisson des lentilles vertes du Puy.

Poêler les écrevisses pendant 5 à 6 minutes avec les 2 gousses d'ail et les 5 cl d'huile d'olive restants.

Les égoutter sur du papier absorbant.

Réchauffer la bisque d'écrevisses dans la poêle qui a servi aux écrevisses. Rectifier l'assaisonnement.

Dresser dans une assiette creuse.

Marinière de coques
à la Lentille Verte du Puy

INGRÉDIENTS 4 PERSONNES

1 kg de coques,

200 g de lentilles vertes du Puy

100 g de beurre,

2 échalotes,

1 cuillère à soupe de farine,

50 g de persil haché,

1 pointe de couteau d'ail haché,

1 branche de céleri,

15 cl de vin blanc sec,

1 feuille de laurier,

8 tranches très fines
de gros chorizo portugais,

gros sel.

Faire dégorger les coques pendant deux heures dans un grand saladier avec une poignée de gros sel. Puis les cuire à couvert dans une casserole avec 50 g de beurre. Lorsqu'elles sont ouvertes, les sortir de leur jus et les décoquiller. En conserver quelques-unes dans leur coquille pour la décoration.

Filtrer soigneusement le jus pour éliminer totalement le sable. Remettre les coques dans leur jus.

Cuire les lentilles 20 à 25 minutes départ eau froide avec une feuille de laurier, puis les égoutter.

Dans une sauteuse, chauffer 50 g de beurre et y suer les échalotes taillées en lamelles jusqu'à ce qu'elles soient translucides. Y saupoudrer la farine et la laisser dorer, puis mouiller avec le vin blanc. Ajouter la branche de céleri effilée, les coques et leur jus, le persil et l'ail, puis les lentilles. Cuire doucement deux minutes.

Pendant ce temps, griller sur une poêle anti adhésive les fines tranches de chorizo et les réserver sur un papier absorbant.

Servir dans une assiette creuse la marinière de coques, décorer avec quelques coquillages et les chips de chorizo.

Quiche à la Lentille Verte du Puy et noix de Saint-Jacques

INGRÉDIENTS 8 PERSONNES

300 g de pâte sucrée,

80 g de purée
de Lentille Verte du Puy,

80 g de lardons fumés
en allumettes,

80 g de champignons des bois
(ou de Paris),

2 œufs,

2 jaunes d'œufs,

1/4 de l de lait,

1/4 de litre de crème,

noix de Saint-Jacques
(quantité selon votre goût),

sel fin,

piment d'Espelette.

Abaisser la pâte, l'étaler dans un plat à tarte, piquer avec une fourchette et laisser reposer au réfrigérateur.

Poêler les lardons, réserver. Dans la même poêle, faire sauter les champignons préalablement lavés et escalopés.

Dans un récipient, mélanger les œufs, les jaunes, la purée de lentilles, le lait et la crème, assaisonner l'appareil en considérant que les lardons vont apporter un peu de sel.

Garnir la quiche en répartissant équitablement les lardons et les champignons. Verser l'appareil sur la garniture et cuire à 180 °C entre 20 et 30 minutes Au sortir du four, retirer le plat à tarte, disposer les lamelles de noix de Saint-Jacques en spirale sur la quiche, assaisonner et remettre 2 à 3 minutes au four.

Sandy Caire

Velouté de moules

aux lentilles vertes du Puy, langoustines à la plancha

INGRÉDIENTS 4 PERSONNES

16 langoustines,

3 kg de moules,

½ l de vin blanc,

3 échalotes,

200 g de lentilles vertes du Puy,

½ oignon,

½ carotte,

1 bouquet garni,

100 g de crème fraîche,

huile d'olive, sel et poivre.

Verser les lentilles vertes du Puy dans deux fois leur volume d'eau, ajouter un bouquet garni, ½ oignon et ½ carotte. Cuire les lentilles vertes du Puy 8 à 10 minutes à frémissement, saler à mi-cuisson, égoutter et refroidir.

Cuire les moules en coquilles dans le vin blanc et les échalotes ciselées 8 minutes à couvert. Filtrer et réserver le jus de cuisson des moules.

Décoquiller les moules et les mixer avec leur jus, ajouter la crème fraîche, et réserver au chaud.

Trier les langoustines puis les rôtir à la plancha avec un filet d'huile d'olive sur une face et les réserver au chaud.

Dresser dans une assiette creuse chaude les lentilles vertes du Puy, le velouté de moules et disposer harmonieusement les langoustines.

Aïoli de lentilles vertes du Puy, œuf coulant, mouillettes d'asperges

INGRÉDIENTS 4 PERSONNES

4 œufs très frais,

1 botte d'asperges vertes,

ciboulette ciselée,

1 échalote ciselée,

1 carotte coupée en petits dés,

300 g de lentilles vertes du Puy,

1 bouquet garni,

sel, poivre,

huile d'olive.

1 jaune d'œuf,

1 cuillère à café de moutarde,

1 cuillère à soupe
de vinaigre de vin,

15 cl d'huile d'olive,

3 gousses d'ail dégermées,

sel, poivre.

Dans une casserole, faire suer l'échalote et la carotte avec un peu d'huile d'olive. Ajouter les lentilles et le bouquet garni. Mouiller avec de l'eau. Cuire 25 minutes à petite ébullition. Vérifier la cuisson. Les lentilles doivent être cuites, mais un peu fermes. Égoutter puis débarrasser dans un récipient creux. Laisser refroidir.

Pendant ce temps, préparer l'aïoli. Réaliser une mayonnaise avec les ingrédients cités. Ajouter les 3 gousses d'ail réduites en purée.

Éplucher et cuire les asperges vertes.

Pocher les œufs. Réserver.

Mélanger l'aïoli aux lentilles. Dresser dans des assiettes creuses. Réchauffer rapidement les œufs, les déposer sur les lentilles accompagnées des asperges. Saupoudrer le tout avec de la ciboulette.

Dans sa coque,

une brouillade d'œuf
aux lentilles vertes du Puy

INGRÉDIENTS 4 PERSONNES

8 œufs frais,

100 g de lentilles vertes du Puy,

garniture aromatique :
1 carotte, 1 oignon, thym, laurier,
1 gousse d'ail, 1 anis étoilé,

20 cl de bouillon de volaille,

gros sel,

50 g de carotte
en petits dés étuvés,

50 g de céleri branche
en petits dés étuvés,

100 g de beurre,

1 pain Lou Seiglou.

Verser les lentilles dans une casserole, ajouter la garniture aromatique, mouiller avec le bouillon de volaille et cuire environ 20 minutes Saler en fin de cuisson. Ajouter les petits dés de carotte et céleri étuvés. Lier la cuisson avec un peu de beurre.

Cuire les œufs une minute dans l'eau bouillante puis les plonger dans de l'eau glacée. Décalotter les œufs avec un toque-œuf, les évider.

Cuire les œufs avec du beurre dans une sauteuse tout en remuant à feu très doux pour obtenir une crème.

Hors du feu, ajouter de la crème et une noix de beurre, saler, poivrer.

Mélanger délicatement une partie des lentilles avec la brouillade.

Verser avec précaution cette préparation dans les coquilles, recouvrir avec quelques lentilles et servir dans un coquetier.

Servir avec quelques mouillettes de pain Lou Seiglou légèrement toastées.

Dos de saumon

aux lentilles vertes du Puy

INGRÉDIENTS 4 PERSONNES

200 g de lentilles vertes du Puy,

1 carotte,

1/2 oignon,

1 échalote,

1 bouquet garni,

1 tomate,

½ bouquet de persil,

4 dos de saumon
de 150 g chacun,

25 cl de crème fraîche,

huile de tournesol,

huile d'olive.

Suer avec un filet d'huile de tournesol, une carotte et un oignon coupés en brunoise, ajouter les lentilles vertes du Puy, le bouquet garni et mouiller à hauteur avec de l'eau froide. Cuire 20 à 25 minutes. Égoutter.

Dans une noix de beurre, faire revenir l'échalote ciselée puis ajouter le persil haché et la tomate taillée en brunoise.

Mélanger aux lentilles, ajouter la crème fraîche et vérifier l'assaisonnement.

Poêler les dos de saumon avec un fond d'huile d'olive en commençant côté peau. Saler et poivrer.

Au creux de chaque assiette, positionner le dos de saumon sur les lentilles à la crème.

Pavé de cabillaud
clouté au saucisson d'Auvergne, ratatouille de lentilles vertes du Puy

INGRÉDIENTS 4 PERSONNES

4 pavés de cabillaud,

8 bâtonnets
de saucisson d'Auvergne,

½ poivrons, vert, jaune, rouge,

1 courgette,

1 oignon + ½ oignon,

½ carotte,

1 bouquet garni,

huile d'olive, sel et poivre.

Verser les lentilles vertes du Puy dans deux fois leur volume d'eau, avec un bouquet garni, la moitié d'une carotte et la moitié d'un oignon. Cuire 10 à 12 minutes à frémissement, remuer et goûter régulièrement, saler à mi-cuisson, égoutter et réserver le jus de cuisson des lentilles vertes du Puy et les refroidir. Tailler en brunoise les poivrons et la courgette et ciseler finement l'oignon restant.

Suer dans un sautoir l'oignon à l'huile d'olive, ajouter les poivrons pelés et taillés en brunoise. Cuire à couvert 3 minutes avec une pincée de sel fin, ajouter les lentilles vertes du Puy et un peu de jus de cuisson, cuire jusqu'à évaporation du liquide et ajouter la brunoise de courgette, vous devez obtenir une ratatouille homogène et liée, vérifier l'assaisonnement et maintenir au chaud.

Introduire les bâtonnets de saucisson d'Auvergne dans les pavés de cabillaud à l'aide d'un couteau, les rôtir à l'huile d'olive sur une face pour obtenir une légère coloration.

Dresser la ratatouille de lentilles vertes du Puy et le pavé de cabillaud clouté sur une assiette chaude.

Pascale Suc

Rillettes de truite du Vourzac,
salade de lentilles vertes du Puy

INGRÉDIENTS 4 PERSONNES

160 g de filet de truite fumée,

100 g de fromage blanc 40 % mg,

½ citron jaune,

ciboulette ciselée,

160 g de lentilles vertes du Puy,

1 bouquet garni,

8 tomates cerises,

salade mesclun,

sel, poivre,

vinaigrette.

Pour réaliser les rillettes, hacher grossièrement le filet de truite fumée, puis ajouter la ciboulette, le fromage blanc, le jus du demi-citron, saler, poivrer. Bien mélanger et réserver au frais.

Cuire les lentilles départ eau froide 20 à 25 minutes avec le bouquet garni, puis les rafraîchir.

Assaisonner les lentilles avec la vinaigrette avant de les disposer sur l'assiette. Agrémenter de feuilles de salade et de petites tomates cerises. Terminer en ajoutant les rillettes de truite fumée en quenelles artistiquement moulées avec une cuillère à soupe.

Rouget sur son rocher aux lentilles vertes du Puy

INGRÉDIENTS 4 PERSONNES

200 g de lentilles vertes du Puy,

12 rougets,

2 échalotes,

100 g de câpres,

100 g de cornichons,

persil et ciboulette,

2 citrons,

moutarde,

vinaigre de Xérès,

huile d'olive,

sel, poivre.

Désarrêter les filets de rougets puis enlever la peau. Cuire les lentilles vertes dans un grand volume d'eau avec un bouquet garni, retirer du feu lorsque les lentilles sont cuites, mais encore fermes, refroidir à l'eau et égoutter.

Hacher le persil, la ciboulette, les câpres, les cornichons et ciseler les échalotes. Verser ce hachis dans les lentilles et mélanger.

Monter une mayonnaise avec la moutarde, l'huile d'olive et le vinaigre de Xérès et la terminer avec 1/3 du jus des deux citrons. Réserver au frais.

Cuire les filets de rouget au four.

Au moment de servir ajouter aux lentilles le reste de jus de citron puis la mayonnaise, rectifier l'assaisonnement (sel, poivre, vinaigre).

Remplir des petits ramequins de lentilles en les compressant légèrement.

Puis démouler sur une assiette, poser dessus les filets de rougets.

Servir avec une salade de saison.

Tartare de raie
aux lentilles vertes du Puy

INGRÉDIENTS 4 PERSONNES

800 g d'aile de raie pelée,

1 l de fumet de poisson,

20 cl de crème fraîche,

1 échalote ciselée,

herbes hachées
(aneth, estragon, basilic),

le jus d'un citron vert,

le zeste d'un citron vert,

100 g de lentilles vertes du Puy,

1 oignon et 1 carotte
taillés en brunoise,

25 g de beurre,

1 bouquet garni,

10 cl de vin blanc,

gros sel.

Dans une sauteuse, suer au beurre la brunoise carotte et oignon. Ajouter le vin blanc et le bouquet garni, les lentilles, mouiller à hauteur, saler et cuire 20 à 25 minutes Égoutter et refroidir.

Pocher l'aile de raie dans le fumet de poisson frémissant environ 10 minutes.

Égoutter et refroidir. Effilocher la chair du poisson.

Monter la crème en chantilly et y ajouter les herbes hachées, le jus de citron vert, du sel et du poivre.

Assaisonner la chair de raie avec la crème fouettée aux herbes.

Sur l'assiette, cercler le tartare de raie en alternant les couches avec les lentilles. Avant de servir, râper le zeste de citron vert et disposer quelques pousses ou feuilles tendres de salade.

Tournedos de sandre,
fricassée de lentilles vertes du Puy au vin rouge d'Auvergne

INGRÉDIENTS 8 PERSONNES

300 g de lentilles vertes du Puy,

2 carottes,

1 oignon,

3 échalotes,

8 tournedos de sandre,

¼ litre de fond de veau lié,

8 tranches de lard fumé,

30 cl de vin
de Saint-Pourçain rouge,

huile d'olive,

sel et poivre,

beurre.

Tailler les carottes et l'oignon en brunoise. Faire revenir la garniture dans un peu d'huile d'olive, y ajouter les lentilles puis mouiller.

Laisser cuire doucement pendant environ 20 minutes.

Dans une casserole faire réduire le vin rouge avec les échalotes ciselées, ensuite ajouter le fond de veau lié et laisser cuire pendant environ 10 minutes.

Positionner les tranches de lard fumé autour des tournedos, puis ficeler à l'aide d'un fil alimentaire. Poêler les tournedos dans de l'huile d'olive, rectifier l'assaisonnement.

Égoutter les lentilles puis y rajouter les deux tiers de la sauce au vin et le beurre, saler et poivrer.

Terminer la cuisson des tournedos au four à 150 °C pendant environ 10 minutes.

Dresser en assiette creuse en utilisant la fin de la sauce au vin pour le décor.

Carbonnade de lentilles vertes du Puy en coque d'Agata

INGRÉDIENTS 4 PERSONNES

200 g de lentilles vertes du Puy,

1 grosse carotte
taillée en brunoise fine,

2 beaux oignons ciselés dentelle,

20 cl de bière blonde suave,

60 cl de bouillon
de légumes maison ou bio,

3 tranches de pain d'épices,

moutarde forte,

sel, poivre,

laurier,

huile de tournesol,

8 pommes de terre Agata
moyennes à grosses,

4 belles poignées
de pousses de houblon sauvage,
d'asperges sauvages
ou de renouée bistorte.

Laver et essuyer les pommes de terre. Les entourer séparément dans du papier alu et enfourner à four chaud (180 °C) pour une bonne heure. Vérifier régulièrement la cuisson avec la pointe d'un couteau.

Pendant ce temps, dans une sauteuse, réaliser la carbonnade en faisant revenir dans l'huile les oignons, la carotte jusqu'à coloration, puis ajouter les lentilles et verser gentiment la bière.

À la première ébullition, ajouter le bouillon, les tranches de pain d'épices badigeonnées de moutarde et le laurier. Couvrir et laisser cuire à feu doux une vingtaine de minutes.

Cuire les pousses deux minutes à la vapeur. Les napper de vinaigrette légère et réserver.

Découper un chapeau aux pommes de terre, les évider et les remplir avec la carbonnade.

Dresser immédiatement avec la salade de jeunes pousses.

Cannelloni de queue de bœuf
et lentilles vertes du Puy

INGRÉDIENTS 4 PERSONNES

1,5 kg de queue de bœuf,

150 g de lentilles vertes du Puy,

30 cl de vin rouge,

1 l de fond de veau,

1 bouquet garni
+ garniture aromatique,

2 carottes,

¼ de boule de céleri,

½ botte de persil,

10 cl de vinaigre de Xérès,

2 échalotes,

huile d'olive,

2 pâtes à lasagne.

Colorer à feu vif les morceaux de queue de bœuf. Suer la garniture aromatique (carottes, échalotes, ail) puis déglacer avec le vin rouge et réduire ce jus de moitié. Mouiller avec le fond de veau et ajouter le bouquet garni. Mettre au four à 150 °C (thermostat 5) pendant 2 h 30.

Cuire les lentilles environ 20 minutes sans les saler. Tailler en brunoise le céleri et les carottes, les cuire une minute dans une eau bouillante salée, rincer à l'eau très froide et égoutter. Ciseler les échalotes et hacher le persil.

Cuire les pâtes à lasagne 3 minutes dans de l'eau salée avec une cuillère à soupe d'huile d'olive. Les rafraîchir à l'eau glacée puis les égoutter sur un linge.

Au terme de la cuisson, récupérer la totalité du jus des queues de bœuf et le réduire de ¾. Émietter la viande à part en petits morceaux, bien éliminer tous les os et cartilages. Mélanger cette chair avec la brunoise de légumes, les échalotes, le persil, une partie des lentilles, une partie du jus réduit, du vinaigre de Xérès, du sel et du poivre. La farce ainsi réalisée doit être moelleuse.

Répartir la farce sur les pâtes à lasagne et former de gros cannellonis. Les réchauffer au cuit-vapeur pour ne pas les dessécher.

Les servir chauds accompagnés du reste des lentilles assaisonnées en salade.

Dodines de volailles label rouge,
ragoût de lentilles vertes du Puy

INGRÉDIENTS 4 PERSONNES

4 cuisses de poulet label rouge,

200 g de lentilles vertes du Puy,

2 carottes,

2 oignons,

1 navet,

1 bouquet garni,

huile d'olive,

sel et poivre.

Désosser les cuisses de poulet et les disposer à plat côté peau sur un carré de film cuisson alimentaire, assaisonner sel et poivre côté chair et les rouler dans le film afin d'obtenir des boudins.

Pocher les boudins au cuit-vapeur ou dans de l'eau bouillante pendant 10 minutes environ.

Refroidir les boudins dans de l'eau glacée, enlever le film et réserver sur un papier absorbant.

Tailler oignons, carottes, navet en brunoise et faire suer dans un sautoir à l'huile d'olive, ajouter les lentilles vertes du Puy et les faire nacrer, mouiller à hauteur à l'eau froide et ajouter le bouquet garni. Cuire à feu doux en remuant comme un risotto 10 à 12 minutes, goûter pendant la cuisson et vérifier l'assaisonnement.

Rôtir à l'huile d'olive les boudins de cuisses de poulet sur toutes les faces et finir la cuisson au four à 150 °C pendant 10 minutes environ.

Filet de canette fermière

aux lentilles vertes du Puy

INGRÉDIENTS 4 PERSONNES

Royale de foies :

200 g de lentilles vertes du Puy,

5 carottes fanes,

1 oignon,

1 bouquet garni,

100 g de mousserons
ou champignons de saison,

4 filets de canettes
de 150 à 200 g chacun,

20 cl de fond de volaille,

huile de tournesol,

1 noix de beurre.

Suer avec un filet d'huile de tournesol, une carotte et un oignon coupés en brunoise, ajouter les lentilles vertes du Puy, le bouquet garni et mouiller à hauteur avec de l'eau froide. Cuire 20 à 25 minutes.

Pendant ce temps, poêler les filets de canette et terminer la cuisson au four pendant 6 minutes à 180 °C. Les laisser rosés à cœur.

Cuire les 4 carottes restantes à l'eau puis les poêler avec les mousserons et une noix de beurre. Saler, poivrer.

Hélène Chazal

Houmos de lentilles vertes du Puy, côtes d'agneau grillées, coulis de poivrons doux

INGRÉDIENTS 6 PERSONNES

400 g de lentilles vertes du Puy,

1 oignon piqué
de 4 clous de girofle,

1 anis étoilé,

3 gousses d'ail dégermées,

4 cuillères à soupe
de purée de sésame,

1 citron confit ou 2 jus de citron,

1 dl d'huile d'olive,

8 côtes d'agneau,

6 poivrons
(2 jaunes, 2 rouges, 2 verts),

graines de sésame
pour la décoration.

Cuire à petits frémissements pendant 40 minutes, 400 g de lentilles vertes du Puy dans un litre d'eau aromatisée d'un oignon piqué de 4 clous de girofle et de l'anis.

Vérifier la quantité d'eau de cuisson, en rajouter si nécessaire.

Les lentilles doivent être très cuites. Conserver un peu de bouillon de cuisson, retirer l'oignon et l'anis et mixer les lentilles avec la crème de sésame, l'ail, le citron confit (ou le jus) et l'huile d'olive. Saler, poivrer.

Réserver au chaud dans un bain-marie.

Blanchir les poivrons (une cuisson différente pour chaque couleur de poivrons), les refroidir, enlever la peau, les mixer avec un peu d'eau pour obtenir un coulis. Rectifier l'assaisonnement.

Griller les côtes d'agneau.

Dresser et décorer avec les graines de sésame et les coulis.

Petit salé à la Lentille Verte du Puy

INGRÉDIENTS 4 PERSONNES

500 g de cotis de porc salé,

2 jarrets de porc salé,

1 oignon,

2 carottes,

280 g de lentilles vertes du Puy,

150 g de petits oignons patate,

75 cl de fond de volaille,

25 g de beurre,

100 g de lard salé
taillé en lardons,

1 brin de thym,

1 feuille de laurier.

Faire dessaler les cotis et les jarrets de porc 2 h à l'eau froide en changeant l'eau deux fois. Les rincer et les cuire départ eau froide avec une carotte et l'oignon pendant 1 h 30.

Démarrer la cuisson des lentilles vertes du Puy à l'eau froide, faire bouillir, égoutter.

Dans une sauteuse, faire revenir les lardons de lard salé avec le beurre, l'autre carotte coupée en dés et les petits oignons patate.

Ajouter les lentilles vertes du Puy déjà blanchies, le fond de volaille, le thym et le laurier, cuire 25 à 30 minutes en veillant à conserver suffisamment de jus de cuisson (ajouter de l'eau si besoin).

Tailler un demi-jarret par personne ainsi que les cotis, les positionner sur les lentilles dans une assiette creuse.

Poitrine de veau aux épices,
ragoût de lentilles vertes du Puy

INGRÉDIENTS 4 PERSONNES

800 g de poitrine de veau,

½ l de fond de veau,

2 c à soupe de miel,

1 c à café de curcuma,

1 c à café de masala,

1 c à café de graines de moutarde,

1 yaourt nature non sucré,

20 g de beurre,

40 g de chorizo fort,

1 carotte,

1 oignon,

1 bouquet garni,

10 cl de vin blanc,

120 g de lentilles vertes du Puy,

gros sel.

Dans une casserole, réaliser un fond de braisage : caraméliser le miel, ajouter les épices, le yaourt nature, mouiller avec le fond de veau, laisser réduire quelques minutes.

Dans une poêle, griller la poitrine de veau avec une noix de beurre. Colorer les deux faces, saler, poivrer. Déglacer la poêle avec le fond de braisage.

Cuire au four à 200 °C pendant 1 h 30 en arrosant la viande toutes les 15 minutes avec le jus.

Dans une casserole, suer le chorizo avec la carotte et l'oignon taillés en brunoise. Déglacer au vin blanc. Ajouter les lentilles, le bouquet garni, mouiller à l'eau froide à hauteur et cuire 20 à 25 minutes Vérifier l'assaisonnement et réserver au chaud.

Sur l'assiette, disposer le ragoût de lentilles et la poitrine de veau nappée de jus.

Bavarois de chèvre frais
aux lentilles vertes du Puy

INGRÉDIENTS 4 PERSONNES

100 g de lentilles vertes du Puy,

garniture aromatique :
1 carotte, 1 oignon, thym, laurier,
1 gousse d'ail, 1 anis étoilé,

20 cl de bouillon de volaille,

75 g de fromage de chèvre frais,

1 à 2 c à soupe de crème liquide,

1 feuille de gélatine à tremper,

50 g de crème fouettée,

sel fin,

poivre blanc,

1 filet de jus de citron.

Verser les lentilles dans une casserole, ajouter la garniture aromatique, mouiller avec le bouillon de volaille et cuire environ 20 minutes. Saler en fin de cuisson.

Mixer le fromage de chèvre et la crème liquide, ajouter le filet de jus de citron, saler, poivrer.

Dans une casserole, tiédir le fromage et ajouter la gélatine trempée et liquéfiée au four à micro-ondes sur chaleur douce puis laisser prendre au froid.

Ajouter la crème fouettée et des lentilles bien égouttées.

Mouler dans des cercles filmés remplis aux 3/4 à l'aide d'une poche à douille lisse, réserver au froid.

Sur l'assiette, disposer le bavarois sur les lentilles vertes du Puy assaisonnées et nappées d'un filet d'huile d'olive.

Julien Magne

Panis à la Lentille Verte du Puy, sarasson à l'huile de colza grillé

INGRÉDIENTS 4 PERSONNES

Panis :

100 g de farine de Lentille Verte du Puy (en magasin bio),

150 g de farine de pois chiche,

1 l de lait,

200 g + 160 g de lentilles vertes du Puy,

1 cuillère à soupe d'huile d'olive,

sel, poivre.

Sarasson :

400 g de fromage blanc 40 % mg,

2 échalotes,

2 gousses d'ail,

1 botte de ciboulette,

1 pincée de piment d'Espelette,

1 pincée de muscade,

50 g d'huile de colza grillé,

10 g de vinaigre de Xérès.

Cuire toutes les lentilles à l'eau environ 20 minutes Récupérer 200 g de lentilles et les cuire dans le lait 10 minutes supplémentaires, puis mixer le mélange pour obtenir un lait de lentille.

Ajouter le mélange des deux farines et remuer vivement sur le feu, jusqu'à épaississement de l'appareil.

Assaisonner et ajouter les 160 g de lentilles restantes. Couler la préparation dans un plat creux beurré sur une épaisseur de 1 cm. Une fois figée, y tailler des frites de 1 cm de côté.

Faire frire à 170 °C ces panis dans une friteuse et les saler.

Pour le sarasson, ciseler les échalotes, la ciboulette, hacher les gousses d'ail et les mélanger au fromage blanc et aux autres ingrédients. Saler, poivrer.

Thomas Emblard

Dyke vellave flambé,
lentilles confites,
miroir de fraise et nuage verveine

INGRÉDIENTS 6 PERSONNES

200 g de lentilles vertes du Puy,

250 g de fraises
(perles rouges du Velay),

20 cl de crème de fraise (alcool),

Sucre en poudre :
30 g + 25 g + 70 g + 10 g,

2 g d'agar-agar,

50 g de blanc d'œuf,

6 boules de glace verveine,

badiane, zestes de citron,

10 cl de verveine du Velay (alcool).

Cuire les lentilles vertes dans un grand volume d'eau, les retirer du feu lorsqu'elles sont cuites, mais fermes. Refroidir à l'eau et égoutter.

Faire bouillir 10 cl d'eau avec 30 g de sucre, retirer du feu, infuser la badiane et les zestes. Rajouter les lentilles et faire confire à feu doux. Remplir 6 cercles avec les lentilles sans les tasser. Réserver au frais.

Couper les fraises en 4 dans une casserole, ajouter 25 g de sucre et la crème de fraise. Faire bouillir 5 minutes puis passer le jus. Prélever 25 cl de jus et faire réduire le reste pour obtenir un coulis de fraises. Ajouter 2 g d'agar-agar aux 25 cl de jus, faire bouillir puis verser dans les cercles remplis de lentilles. Réserver au frais.

Faire un sirop en cuisant 70 g de sucre avec 2 cl d'eau à 121 °C. Dans un batteur faire mousser 50 g de blanc d'œuf et 10 g de sucre puis verser le sirop et faire monter cette meringue jusqu'à refroidissement. Masquer de meringue les boules de glace verveine. Réserver au congélateur.

Au moment de servir avec le coulis de fraises, poser le cercle de lentilles confites et miroir de fraise sur une assiette, décercler puis surmonter d'une boule de verveine meringuée. L'arroser de l'alcool de verveine flambé à table.

Pana Cotta mandarine
à la Lentille Verte du Puy

INGRÉDIENTS 10 VERRINES

Pana Cotta mandarine :

232 g de crème,

5 mandarines,

80 g de sucre,

3,6 g de gélatine,

136 g de yaourt nature.

Confit de lentilles façon riz au lait :

100 g de lentilles vertes du Puy,

80 cl de lait,

30 g de sucre.

Crumble pistache :

40 g de beurre,

10 g de poudre d'amande,

30 g de pistaches concassées,

30 g de sucre,

40 g de farine pâtissière.

Pana Cotta mandarine :

Mettre les feuilles de gélatine dans un bol d'eau froide afin de les ramollir.

Préférer les mandarines aux clémentines moins goûteuses. Ôter le zeste des mandarines ainsi que la peau et les pépins des quartiers pour ne garder que la pulpe. La réduire en purée en la chauffant dans une cocotte avec un peu de jus de mandarine.

Chauffer le mélange crème, purée de mandarine, sucre. Ajouter la gélatine et verser sur le yaourt.

Mélanger et verser dans une verrine qui sera réservée au frigo pendant au moins 2h.

Confit de lentilles façon riz au lait :

Chauffer les lentilles vertes dans le lait et cuire pendant 40 minutes, puis ajouter le sucre et chauffer doucement encore 10 minutes.

Crumble pistache :

Mélanger tous les ingrédients, étaler la pâte sur du papier cuisson ou une feuille de silicone et cuire au four à 160 °C pendant 6 minutes.

Frédéric Lefort

Salade de lentilles vertes du Puy confites aux fruits de saison, coque en meringue

INGRÉDIENTS 4 PERSONNES

Lentilles confites :

50 g de lentilles vertes du Puy,

1 l d'eau,

400 g de sucre,

1 gousse de vanille,

1 cuillère à soupe
de gingembre en poudre

1 anis étoilé,

1 cardamome.

Salade de fruits de saison :

4 kiwis,

4 oranges,

1 ananas,

1 pomme,

1 poire.

*Coque en meringue
(à faire la veille) :*

100 g de blanc d'œuf,

200 g de sucre semoule.

Laver les lentilles vertes du Puy 2 à 3 fois et les précuire à l'eau 10 minutes.

Confire les lentilles avec tous les ingrédients cités pendant 30 à 40 minutes.

Découper les fruits en petits dés de 5 millimètres d'arête.

La veille, faire les coques de meringue. Monter les blancs avec 100 g de sucre, puis ajouter le reste du sucre à la fin.

Mouler la meringue dans des moules souples en silicone de la forme désirée.

Cuire les meringues à 70 °C pendant 5 à 6 heures.

Mélanger les lentilles vertes du Puy confites avec les fruits et un peu de sirop de cuisson.

Dresser dans la coque de meringue ou dans un bol avec une meringue.

Julien Magne

Pancakes à la Lentille Verte du Puy, coulis de myrtille au thym citron

INGRÉDIENTS 4 PERSONNES

120 g de farine de lentille
(en magasin bio),

130 g de farine blanche T55,

30 g + 25 g de sucre,

3 g de levure,

60 g de germes de blé
(en magasin bio),

30 g de beurre fondu,

50 cl de lait,

3 œufs,

50 g de lentilles vertes du Puy
cuites,

200 g de myrtilles,

50 g d'eau,

1 bouquet de thym citron,

sucre glace,

huile d'olive,

1 citron.

Réaliser la pâte à pancakes en mélangeant les farines, le sucre (30 g), les germes de blé, les œufs. Incorporer peu à peu le lait pour obtenir une pâte lisse. Finir par le beurre fondu et les lentilles cuites dans l'eau (environ 25 minutes).

Réserver 3 h au réfrigérateur.

Pour le coulis de myrtille, réaliser un sirop avec le sucre (25 g) et l'eau chauffée, puis y faire infuser le thym 30 minutes.

Enlever le thym, puis mixer le sirop avec les myrtilles et ajouter du zeste de citron.

Dans une poêle avec de l'huile d'olive, réaliser de petits disques avec l'appareil à pancakes, les cuire des deux côtés avant de les réserver sur un papier absorbant.

Les saupoudrer de sucre glace avant de les servir avec le coulis de myrtille thym citron bien frais.

Kyung Ran Baccon

Soufflé à la Lentille Verte du Puy

INGRÉDIENTS 10 RAMEQUINS

48 g de jaune d'œuf,

24 g de sucre,

66 g de crème fraiche épaisse,

240 g de blancs d'œufs,

108 g de sucre,

192 g de purée
de Lentille Verte du Puy.

Cuire à l'eau les lentilles vertes environ 40 minutes, mixer et passer au tamis.

Mélanger le jaune d'œuf, le sucre (24 g) et la crème fraîche épaisse.

Mettre les blancs dans un grand saladier. Les battre lentement au début afin de les rendre plus fluides. Puis incliner le saladier et fouetter régulièrement les blancs avec 2/3 du sucre (72 g) en incorporant un maximum d'air. Ensuite, ajouter le reste du sucre (36 g) et fouetter délicatement pour serrer les blancs.

Ajouter le mélange jaune, sucre, crème fraîche, puis la purée de lentilles vertes.

Beurrer 2 fois dans le ramequin, et garnir aux 9/10èmes.

Cuire à 165° au four (ventilé si possible) jusqu'à ce que le soufflé soit bien formé.

Tarte à la Lentille Verte du Puy et myrtilles

INGRÉDIENTS 8 PERSONNES

250 g de pâte sucrée,

80 g de purée
de lentilles vertes du Puy,

45 g de sucre glace,

1 œuf,

3 cl de crème fouettée,

1 cuillère de miel,

1 pincée de poudre
de badiane (anis étoilé).

*Confit de myrtilles
(qu'on peut remplacer par
de la confiture de myrtilles) :*

150 g de pulpe de myrtiile

25 g de staboline
(sirop de sucre inverti)

35 g de sucre

4 g de pectine NH
(gel pour nappage).

Garnir un moule de 20 cm de diamètre avec la pâte sucrée en ayant soin de bien foncer les bords du moule afin qu'elle ne retombe pas à la cuisson.

Piquer légèrement le fond et laisser reposer 30 minutes au réfrigérateur.

Précuire le fond de tarte à blanc une douzaine de minutes à 180 °C.

Pendant ce temps, porter la purée de myrtille à ébullition avec la staboline et ajouter le mélange sucre-pectine. Porter à ébullition. Couler dans le fond de pâte précuit et mettre au réfrigérateur.

Confectionner l'appareil en mélangeant dans un saladier la purée de lentille, le sucre glace et les jaunes d'œufs, le miel et la poudre d'anis.

Monter la crème fouettée, incorporez-la délicatement à l'appareil. En faire de même avec les blancs en neige.

Verser ensuite l'appareil puis remettre en cuisson à 160 °C pendant environ 30 minutes Servir à température ambiante.

Tartine du Devès

de retour de promenade

INGRÉDIENTS 4 PERSONNES

4 tranches de pain bio,

100 g de lentilles vertes du Puy,

80 fleurs de pissenlit
ouvertes au soleil,

200 g de sucre bio,

40 boutons de fleurs de pissenlit,

violettes sauvages.

La veille, rincer les fleurs de pissenlit ouvertes et les bouillir dans 30 cl d'eau. Réserver.

Le lendemain, filtrer la décoction pour ne garder que le liquide, ajouter 200 g de sucre et faire prendre à sirop.

Cuire les lentilles al dente, les égoutter et les adjoindre au sirop pour terminer la cuisson.

Rincer les boutons de pissenlits et les faire confire dans un peu d'eau (mouiller à hauteur) avec 30 g de sucre.

Dorer les tranches de pain au grill.

Tartiner généreusement de lentilles confites.

Parsemez de boutons confits, pétales de pissenlit et violettes.

Kyung Ran Baccon

Vacherin à ma façon

INGRÉDIENTS 10 PERSONNES

Glace lentille :

550 g de lait,

50 g de poudre de lait,

112 g de sucre

25 g de jaunes d'œufs,

5 g de stabilisateur glace,

146 g de purée
de lentilles vertes du Puy.

Meringue verveine :

50 g de blancs d'œufs,

100 g de sucre,

3 cl d'eau,

14 g de verveine verte
(alcool),

1 pincée
de colorant alimentaire vert.

Compote myrtille :

400 g de myrtilles,

16 g de jus de citron,

90 g de sucre,

3 g de pectine.

Glace lentille (à préparer la veille) :

Cuire les lentilles vertes dans l'eau environ 40 minutes, mixer et passer au tamis.

Chauffer le lait, ajouter la poudre de lait et une partie du sucre.

À 45 °C, incorporer le stabilisateur avec le reste du sucre et continuer la cuisson jusqu'à 85 °C.

Verser sur la purée de lentilles et mixer. Refroidir rapidement à 4 °C et réserver 24 heures.

Mixer à nouveau et turbiner.

Meringue verveine :

Cuire le sucre et l'eau jusqu'à obtenir un sirop. Le verser en filet sur les blancs montés.

Mélanger très rapidement (si possible avec un mélangeur). Ajouter l'alcool de verveine et le colorant, dresser sur une feuille siliconée.

Cuire à 90 °C pendant 2 heures.

Compote myrtille :

Chauffer les myrtilles avec le jus de citron et une partie du sucre à 45 °C. Ajouter le mélange de pectine et le reste de sucre. Porter à ébullition. Réserver au frigo.

Dans une assiette dessert creuse, dresser la glace lentille sur la compote de myrtilles, et la couvrir de brisures de meringue verveine.

Textes : Jean-René Mestre
Photos : Luc Olivier
Mise en page : Anne Couriol

Vaisselle :

 Didier Marty, céramiste
76, rue de la République, 63190 Lezoux
Tél. 04 73 68 23 83 - martydid@wanadoo.fr

 Bruno Evrard Création
Route de Saint-Floris, 62350 Saint-Venant
Site : www.brunoevrardcreation.com

 Sibo Homeconcept
322, Plains Champs, 68910 Labaroche
Site : www.sibohomeconcept.fr

 Sabre Paris (couverts)
21 avenue de l'Europe, 78400 Chatou
Site : www.sabre.fr

Impression : Manufacture d'Histoires Deux-Ponts
5, rue des Condamines
38320 Bresson

Dépôt légal : 2ème trimestre 2013
ISBN 979-10-90634-04-6

Éditions Hauteur d'Homme
1, rue Crozatier
43000 Le Puy-en-Velay
hauteur.d.homme@orange.fr
www.photo-luc-olivier.fr/category/maison-dedition

Aux Editions Hauteur d'Homme :
> Haute-Loire Belle île en Terre (2002),
> Nuits de l'An (2003) - Nouvelles de Jean-Louis Rocher,
> Le Cantal à hauteur d'homme (2004),
> La Lentille Verte du Puy (2006),
> La Corrèze à hauteur d'homme (2006),
> Toques d'Auvergne (2007),
> Les grandes liqueurs du Massif central (2007),
> La Haute-Loire à hauteur d'homme (2009),
> Saint-Bonnet-le-Froid, les bonnes recettes d'un village toqué (2010),
> Gourmand & léger, Toques d'Auvergne (2011),
> Le Puy-en-Velay (2011),
> Sabarot - livre d'entreprise (2011),
> Louise Delorme - catalogue d'exposition (2012),
> La Fourme d'Ambert (2012),
> François Gagnaire (2012).